ISBN-13: 978-1722149017 | ISBN-10: 1722149019

Personal Data

Name ....

Phone ....

Address ....

....

In Case of Emergency, Please contact

Name ....

Phone ....

Address ....

....

Essential Contacts

Doctor ....

Pharmacy ....

Eye Clinic ....

Dentist ....

My Medication

....

....

....

....

....

Diabetes Type ....

Diabetic since ....

Personal Calculated
Amount of Insulin

Breakfast ....

Lunch ....

Dinner ....

....

....

....

Week of 1-13 / 2019

Weight ....

	Breakfast		Lunch		Dinner		Bedtime
	before	after	before	after	before	after	before
MO	117						
other:							
TU	before / after		before / after		before / after		before
other:							
WE	before / after		before / after		before / after		before
other:							
TH	before / after		before / after		before / after		before
other:							
FR	before / after		before / after		before / after		before
other:							
SA	before / after		before / after		before / after		before
other:							
SU	before / after		before / after		before / after		before
other:							

Week of _____ / 20 _____ Weight _____

	Breakfast		Lunch		Dinner		Bedtime
	before	after	before	after	before	after	before
MO							
other:							
TU	before	after	before	after	before	after	before
other:							
WE	before	after	before	after	before	after	before
other:							
TH	before	after	before	after	before	after	before
other:							
FR	before	after	before	after	before	after	before
other:							
SA	before	after	before	after	before	after	before
other:							
SU	before	after	before	after	before	after	before
other:							

Week of / 20   Weight ....

	Breakfast		Lunch		Dinner		Bedtime
	before	after	before	after	before	after	before
MO							
other:							
TU	before	after	before	after	before	after	before
other:							
WE	before	after	before	after	before	after	before
other:							
TH	before	after	before	after	before	after	before
other:							
FR	before	after	before	after	before	after	before
other:							
SA	before	after	before	after	before	after	before
other:							
SU	before	after	before	after	before	after	before
other:							

Week of _____ / 20

Weight ....

	Breakfast		Lunch		Dinner		Bedtime
	before	after	before	after	before	after	before
MO							
other:							
TU	before	after	before	after	before	after	before
other:							
WE	before	after	before	after	before	after	before
other:							
TH	before	after	before	after	before	after	before
other:							
FR	before	after	before	after	before	after	before
other:							
SA	before	after	before	after	before	after	before
other:							
SU	before	after	before	after	before	after	before
other:							

Week of _____ / 20

Weight ....

	Breakfast		Lunch		Dinner		Bedtime
	before	after	before	after	before	after	before
MO							
other:							
TU	before	after	before	after	before	after	before
other:							
WE	before	after	before	after	before	after	before
other:							
TH	before	after	before	after	before	after	before
other:							
FR	before	after	before	after	before	after	before
other:							
SA	before	after	before	after	before	after	before
other:							
SU	before	after	before	after	before	after	before
other:							

Week of .... / 20

Weight ....

	Breakfast		Lunch		Dinner		Bedtime
	before	after	before	after	before	after	before
MO							
other:							
TU	before	after	before	after	before	after	before
other:							
WE	before	after	before	after	before	after	before
other:							
TH	before	after	before	after	before	after	before
other:							
FR	before	after	before	after	before	after	before
other:							
SA	before	after	before	after	before	after	before
other:							
SU	before	after	before	after	before	after	before
other:							

Week of _____ / 20

Weight ....

	Breakfast		Lunch		Dinner		Bedtime
	before	after	before	after	before	after	before
MO							
other:							
TU	before	after	before	after	before	after	before
other:							
WE	before	after	before	after	before	after	before
other:							
TH	before	after	before	after	before	after	before
other:							
FR	before	after	before	after	before	after	before
other:							
SA	before	after	before	after	before	after	before
other:							
SU	before	after	before	after	before	after	before
other:							

Week of _____ / 20 _____

Weight ....

	Breakfast		Lunch		Dinner		Bedtime
	before	after	before	after	before	after	before
MO							
other:							
TU	before	after	before	after	before	after	before
other:							
WE	before	after	before	after	before	after	before
other:							
TH	before	after	before	after	before	after	before
other:							
FR	before	after	before	after	before	after	before
other:							
SA	before	after	before	after	before	after	before
other:							
SU	before	after	before	after	before	after	before
other:							

Week of .... / 20 Weight ....

	Breakfast		Lunch		Dinner		Bedtime
	before	after	before	after	before	after	before
MO							
other:							
	before	after	before	after	before	after	before
TU							
other:							
	before	after	before	after	before	after	before
WE							
other:							
	before	after	before	after	before	after	before
TH							
other:							
	before	after	before	after	before	after	before
FR							
other:							
	before	after	before	after	before	after	before
SA							
other:							
	before	after	before	after	before	after	before
SU							
other:							

Week of

Week of .... / 20   Weight ....

	Breakfast		Lunch		Dinner		Bedtime
	before	after	before	after	before	after	before
MO							
other:							
TU	before	after	before	after	before	after	before
other:							
WE	before	after	before	after	before	after	before
other:							
TH	before	after	before	after	before	after	before
other:							
FR	before	after	before	after	before	after	before
other:							
SA	before	after	before	after	before	after	before
other:							
SU	before	after	before	after	before	after	before
other:							

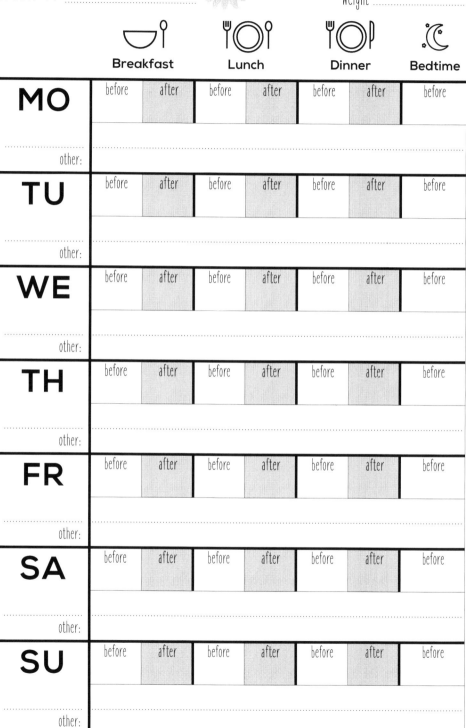

Week of _____ / 20 ____

Weight _____

	Breakfast		Lunch		Dinner		Bedtime
	before	after	before	after	before	after	before
MO							
other:							
TU	before	after	before	after	before	after	before
other:							
WE	before	after	before	after	before	after	before
other:							
TH	before	after	before	after	before	after	before
other:							
FR	before	after	before	after	before	after	before
other:							
SA	before	after	before	after	before	after	before
other:							
SU	before	after	before	after	before	after	before
other:							

Week of ..../ 20 ....

Weight ....

	Breakfast		Lunch		Dinner		Bedtime
	before	after	before	after	before	after	before
MO							
other:							
TU	before	after	before	after	before	after	before
other:							
WE	before	after	before	after	before	after	before
other:							
TH	before	after	before	after	before	after	before
other:							
FR	before	after	before	after	before	after	before
other:							
SA	before	after	before	after	before	after	before
other:							
SU	before	after	before	after	before	after	before
other:							

Week of .... / 20 ....   Weight ....

	Breakfast		Lunch		Dinner		Bedtime
	before	after	before	after	before	after	before
MO							
other:							
TU	before	after	before	after	before	after	before
other:							
WE	before	after	before	after	before	after	before
other:							
TH	before	after	before	after	before	after	before
other:							
FR	before	after	before	after	before	after	before
other:							
SA	before	after	before	after	before	after	before
other:							
SU	before	after	before	after	before	after	before
other:							

Week of ____ / 20 ____   Weight ____

	Breakfast		Lunch		Dinner		Bedtime
	before	after	before	after	before	after	before
MO							
other:							
TU	before	after	before	after	before	after	before
other:							
WE	before	after	before	after	before	after	before
other:							
TH	before	after	before	after	before	after	before
other:							
FR	before	after	before	after	before	after	before
other:							
SA	before	after	before	after	before	after	before
other:							
SU	before	after	before	after	before	after	before
other:							

Week of _____ / 20 _____ Weight ....

	Breakfast		**Lunch**		**Dinner**		**Bedtime**
	before	after	before	after	before	after	before
MO							
other:							
	before	after	before	after	before	after	before
TU							
other:							
	before	after	before	after	before	after	before
WE							
other:							
	before	after	before	after	before	after	before
TH							
other:							
	before	after	before	after	before	after	before
FR							
other:							
	before	after	before	after	before	after	before
SA							
other:							
	before	after	before	after	before	after	before
SU							
other:							

Week of .... / 20

Weight ....

	Breakfast		Lunch		Dinner		Bedtime
MO	before	after	before	after	before	after	before
other:							
TU	before	after	before	after	before	after	before
other:							
WE	before	after	before	after	before	after	before
other:							
TH	before	after	before	after	before	after	before
other:							
FR	before	after	before	after	before	after	before
other:							
SA	before	after	before	after	before	after	before
other:							
SU	before	after	before	after	before	after	before
other:							

Week of / 20   Weight ....

	Breakfast		Lunch		Dinner		Bedtime
	before	after	before	after	before	after	before
MO							
other:							
TU	before	after	before	after	before	after	before
other:							
WE	before	after	before	after	before	after	before
other:							
TH	before	after	before	after	before	after	before
other:							
FR	before	after	before	after	before	after	before
other:							
SA	before	after	before	after	before	after	before
other:							
SU	before	after	before	after	before	after	before
other:							

Week of _____ / 20

Weight _____

	Breakfast		Lunch		Dinner		Bedtime
	before	after	before	after	before	after	before
MO							
other:							
TU	before	after	before	after	before	after	before
other:							
WE	before	after	before	after	before	after	before
other:							
TH	before	after	before	after	before	after	before
other:							
FR	before	after	before	after	before	after	before
other:							
SA	before	after	before	after	before	after	before
other:							
SU	before	after	before	after	before	after	before
other:							

Week of .... / 20   Weight ....

	Breakfast		Lunch		Dinner		Bedtime
	before	after	before	after	before	after	before
MO							
other:							
TU	before	after	before	after	before	after	before
other:							
WE	before	after	before	after	before	after	before
other:							
TH	before	after	before	after	before	after	before
other:							
FR	before	after	before	after	before	after	before
other:							
SA	before	after	before	after	before	after	before
other:							
SU	before	after	before	after	before	after	before
other:							

Week of .... / 20

Weight ....

	Breakfast		Lunch		Dinner		Bedtime
	before	after	before	after	before	after	before
MO							
other:							
TU	before	after	before	after	before	after	before
other:							
WE	before	after	before	after	before	after	before
other:							
TH	before	after	before	after	before	after	before
other:							
FR	before	after	before	after	before	after	before
other:							
SA	before	after	before	after	before	after	before
other:							
SU	before	after	before	after	before	after	before
other:							

Week of _____ / 20   Weight _____

	Breakfast		🍴 Lunch		🍴 Dinner		🌙 Bedtime
MO	before	after	before	after	before	after	before
other:							
TU	before	after	before	after	before	after	before
other:							
WE	before	after	before	after	before	after	before
other:							
TH	before	after	before	after	before	after	before
other:							
FR	before	after	before	after	before	after	before
other:							
SA	before	after	before	after	before	after	before
other:							
SU	before	after	before	after	before	after	before
other:							

Week of _____ / 20 _____

Weight _____

	Breakfast		Lunch		Dinner		Bedtime
	before	after	before	after	before	after	before
MO							
other:							
TU	before	after	before	after	before	after	before
other:							
WE	before	after	before	after	before	after	before
other:							
TH	before	after	before	after	before	after	before
other:							
FR	before	after	before	after	before	after	before
other:							
SA	before	after	before	after	before	after	before
other:							
SU	before	after	before	after	before	after	before
other:							

Week of _____ / 20   Weight _____

	Breakfast		Lunch		Dinner		Bedtime
	before	after	before	after	before	after	before

MO
| before | after | before | after | before | after | before |

other: _____

TU
| before | after | before | after | before | after | before |

other: _____

WE
| before | after | before | after | before | after | before |

other: _____

TH
| before | after | before | after | before | after | before |

other: _____

FR
| before | after | before | after | before | after | before |

other: _____

SA
| before | after | before | after | before | after | before |

other: _____

SU
| before | after | before | after | before | after | before |

other: _____

Week of _____ / 20

Weight _____

	Breakfast		Lunch		Dinner		Bedtime
	before	after	before	after	before	after	before
MO							
other:							
TU							
other:							
WE							
other:							
TH							
other:							
FR							
other:							
SA							
other:							
SU							
other:							

Week of _____ / 20 Weight ....

	Breakfast		Lunch		Dinner		Bedtime
	before	after	before	after	before	after	before
MO							
other:							
TU	before	after	before	after	before	after	before
other:							
WE	before	after	before	after	before	after	before
other:							
TH	before	after	before	after	before	after	before
other:							
FR	before	after	before	after	before	after	before
other:							
SA	before	after	before	after	before	after	before
other:							
SU	before	after	before	after	before	after	before
other:							

Week of ..../20 Weight ....

	Breakfast		Lunch		Dinner		Bedtime
	before	after	before	after	before	after	before
MO							
other:							
TU	before	after	before	after	before	after	before
other:							
WE	before	after	before	after	before	after	before
other:							
TH	before	after	before	after	before	after	before
other:							
FR	before	after	before	after	before	after	before
other:							
SA	before	after	before	after	before	after	before
other:							
SU	before	after	before	after	before	after	before
other:							

Week of ..../ 20 ....

Weight ....

	Breakfast		Lunch		Dinner		Bedtime
	before	after	before	after	before	after	before
MO							
other:							
TU	before	after	before	after	before	after	before
other:							
WE	before	after	before	after	before	after	before
other:							
TH	before	after	before	after	before	after	before
other:							
FR	before	after	before	after	before	after	before
other:							
SA	before	after	before	after	before	after	before
other:							
SU	before	after	before	after	before	after	before
other:							

Week of .... / 20 .... Weight ....

	Breakfast		Lunch		Dinner		Bedtime
	before	after	before	after	before	after	before
MO							
other:							
TU	before	after	before	after	before	after	before
other:							
WE	before	after	before	after	before	after	before
other:							
TH	before	after	before	after	before	after	before
other:							
FR	before	after	before	after	before	after	before
other:							
SA	before	after	before	after	before	after	before
other:							
SU	before	after	before	after	before	after	before
other:							

Week of _____ / 20 Weight ....

	Breakfast		Lunch		Dinner		Bedtime
	before	after	before	after	before	after	before
MO							
other:							
TU	before	after	before	after	before	after	before
other:							
WE	before	after	before	after	before	after	before
other:							
TH	before	after	before	after	before	after	before
other:							
FR	before	after	before	after	before	after	before
other:							
SA	before	after	before	after	before	after	before
other:							
SU	before	after	before	after	before	after	before
other:							

Week of .... / 20 ....   Weight ....

	Breakfast		Lunch		Dinner		Bedtime
	before	after	before	after	before	after	before
MO							
other:							
TU	before	after	before	after	before	after	before
other:							
WE	before	after	before	after	before	after	before
other:							
TH	before	after	before	after	before	after	before
other:							
FR	before	after	before	after	before	after	before
other:							
SA	before	after	before	after	before	after	before
other:							
SU	before	after	before	after	before	after	before
other:							

Week of _____ / 20

Weight _____

	Breakfast		Lunch		Dinner		Bedtime
	before	after	before	after	before	after	before
MO							
other:							
TU	before	after	before	after	before	after	before
other:							
WE	before	after	before	after	before	after	before
other:							
TH	before	after	before	after	before	after	before
other:							
FR	before	after	before	after	before	after	before
other:							
SA	before	after	before	after	before	after	before
other:							
SU	before	after	before	after	before	after	before
other:							

Week of .... / 20 ....   Weight ....

	Breakfast		Lunch		Dinner		Bedtime
	before	after	before	after	before	after	before
MO							
other:							
TU	before	after	before	after	before	after	before
other:							
WE	before	after	before	after	before	after	before
other:							
TH	before	after	before	after	before	after	before
other:							
FR	before	after	before	after	before	after	before
other:							
SA	before	after	before	after	before	after	before
other:							
SU	before	after	before	after	before	after	before
other:							

Week of _____ / 20 Weight ....

	Breakfast		**Lunch**		**Dinner**		**Bedtime**
MO	before	after	before	after	before	after	before
other:							
TU	before	after	before	after	before	after	before
other:							
WE	before	after	before	after	before	after	before
other:							
TH	before	after	before	after	before	after	before
other:							
FR	before	after	before	after	before	after	before
other:							
SA	before	after	before	after	before	after	before
other:							
SU	before	after	before	after	before	after	before
other:							

Week of .... / 20

Weight ....

	Breakfast		Lunch		Dinner		Bedtime
	before	after	before	after	before	after	before
MO							
other:							
TU	before	after	before	after	before	after	before
other:							
WE	before	after	before	after	before	after	before
other:							
TH	before	after	before	after	before	after	before
other:							
FR	before	after	before	after	before	after	before
other:							
SA	before	after	before	after	before	after	before
other:							
SU	before	after	before	after	before	after	before
other:							

Week of _____ / 20   Weight _____

	Breakfast		Lunch		Dinner		Bedtime
	before	after	before	after	before	after	before
MO							
other:							
TU	before	after	before	after	before	after	before
other:							
WE	before	after	before	after	before	after	before
other:							
TH	before	after	before	after	before	after	before
other:							
FR	before	after	before	after	before	after	before
other:							
SA	before	after	before	after	before	after	before
other:							
SU	before	after	before	after	before	after	before
other:							

Week of _____ / 20

Weight ....

	Breakfast		Lunch		Dinner		Bedtime
	before	after	before	after	before	after	before
MO							
other:							
TU	before	after	before	after	before	after	before
other:							
WE	before	after	before	after	before	after	before
other:							
TH	before	after	before	after	before	after	before
other:							
FR	before	after	before	after	before	after	before
other:							
SA	before	after	before	after	before	after	before
other:							
SU	before	after	before	after	before	after	before
other:							

Week of .... / 20 ....   Weight ....

	Breakfast		Lunch		Dinner		Bedtime
	before	after	before	after	before	after	before
MO							
other:							
TU	before	after	before	after	before	after	before
other:							
WE	before	after	before	after	before	after	before
other:							
TH	before	after	before	after	before	after	before
other:							
FR	before	after	before	after	before	after	before
other:							
SA	before	after	before	after	before	after	before
other:							
SU	before	after	before	after	before	after	before
other:							

Week of .... / 20 ....   Weight

	Breakfast		Lunch		Dinner		Bedtime
MO	before	after	before	after	before	after	before
other:							
TU	before	after	before	after	before	after	before
other:							
WE	before	after	before	after	before	after	before
other:							
TH	before	after	before	after	before	after	before
other:							
FR	before	after	before	after	before	after	before
other:							
SA	before	after	before	after	before	after	before
other:							
SU	before	after	before	after	before	after	before
other:							

Week of .... / 20 Weight ....

	Breakfast		Lunch		Dinner		Bedtime
	before	after	before	after	before	after	before
MO							
other:							
TU	before	after	before	after	before	after	before
other:							
WE	before	after	before	after	before	after	before
other:							
TH	before	after	before	after	before	after	before
other:							
FR	before	after	before	after	before	after	before
other:							
SA	before	after	before	after	before	after	before
other:							
SU	before	after	before	after	before	after	before
other:							

Week of .... / 20

Weight ....

	Breakfast		Lunch		Dinner		Bedtime
	before	after	before	after	before	after	before
MO							
other:							
TU	before	after	before	after	before	after	before
other:							
WE	before	after	before	after	before	after	before
other:							
TH	before	after	before	after	before	after	before
other:							
FR	before	after	before	after	before	after	before
other:							
SA	before	after	before	after	before	after	before
other:							
SU	before	after	before	after	before	after	before
other:							

Week of _____ / 20

Weight ....

	Breakfast		Lunch		Dinner		Bedtime
	before	after	before	after	before	after	before

MO
before	after	before	after	before	after	before

other: ....

TU
before	after	before	after	before	after	before

other: ....

WE
before	after	before	after	before	after	before

other: ....

TH
before	after	before	after	before	after	before

other: ....

FR
before	after	before	after	before	after	before

other: ....

SA
before	after	before	after	before	after	before

other: ....

SU
before	after	before	after	before	after	before

other: ....

Week of _____ / 20 _____ Weight _____

	Breakfast		Lunch		Dinner		Bedtime
	before	after	before	after	before	after	before
MO							
other:							
TU	before	after	before	after	before	after	before
other:							
WE	before	after	before	after	before	after	before
other:							
TH	before	after	before	after	before	after	before
other:							
FR	before	after	before	after	before	after	before
other:							
SA	before	after	before	after	before	after	before
other:							
SU	before	after	before	after	before	after	before
other:							

Week of _____ / 20

Weight _____

	Breakfast		Lunch		Dinner		Bedtime
	before	after	before	after	before	after	before
MO							
other:							
TU	before	after	before	after	before	after	before
other:							
WE	before	after	before	after	before	after	before
other:							
TH	before	after	before	after	before	after	before
other:							
FR	before	after	before	after	before	after	before
other:							
SA	before	after	before	after	before	after	before
other:							
SU	before	after	before	after	before	after	before
other:							

Week of ..../ 20 ....

Weight ....

	Breakfast		Lunch		Dinner		Bedtime
	before	after	before	after	before	after	before
MO							
other:							
TU	before	after	before	after	before	after	before
other:							
WE	before	after	before	after	before	after	before
other:							
TH	before	after	before	after	before	after	before
other:							
FR	before	after	before	after	before	after	before
other:							
SA	before	after	before	after	before	after	before
other:							
SU	before	after	before	after	before	after	before
other:							

Week of _____ / 20 Weight _____

	Breakfast		Lunch		Dinner		Bedtime
	before	after	before	after	before	after	before
MO							
other:							
TU	before	after	before	after	before	after	before
other:							
WE	before	after	before	after	before	after	before
other:							
TH	before	after	before	after	before	after	before
other:							
FR	before	after	before	after	before	after	before
other:							
SA	before	after	before	after	before	after	before
other:							
SU	before	after	before	after	before	after	before
other:							

Week of _____ / 20 _____

Weight _____

	Breakfast		Lunch		Dinner		Bedtime
	before	after	before	after	before	after	before
MO							
other:							
TU							
other:							
WE							
other:							
TH							
other:							
FR							
other:							
SA							
other:							
SU							
other:							

Week of _____ / 20 Weight ....

	Breakfast		Lunch		Dinner		Bedtime
	before	after	before	after	before	after	before
MO							
other:							
TU	before	after	before	after	before	after	before
other:							
WE	before	after	before	after	before	after	before
other:							
TH	before	after	before	after	before	after	before
other:							
FR	before	after	before	after	before	after	before
other:							
SA	before	after	before	after	before	after	before
other:							
SU	before	after	before	after	before	after	before
other:							

Week of .... / 20 ....

Weight ....

	Breakfast		Lunch		Dinner		Bedtime
	before	after	before	after	before	after	before
MO							
other:							
TU	before	after	before	after	before	after	before
other:							
WE	before	after	before	after	before	after	before
other:							
TH	before	after	before	after	before	after	before
other:							
FR	before	after	before	after	before	after	before
other:							
SA	before	after	before	after	before	after	before
other:							
SU	before	after	before	after	before	after	before
other:							

Week of / 20 Weight ....

	Breakfast		Lunch		Dinner		Bedtime
	before	after	before	after	before	after	before

MO
other:

	before	after	before	after	before	after	before

TU
other:

	before	after	before	after	before	after	before

WE
other:

	before	after	before	after	before	after	before

TH
other:

	before	after	before	after	before	after	before

FR
other:

	before	after	before	after	before	after	before

SA
other:

	before	after	before	after	before	after	before

SU
other:

Week of ____ / 20 ____

Weight ....

	Breakfast		Lunch		Dinner		Bedtime
	before	after	before	after	before	after	before
MO							
other:							
TU	before	after	before	after	before	after	before
other:							
WE	before	after	before	after	before	after	before
other:							
TH	before	after	before	after	before	after	before
other:							
FR	before	after	before	after	before	after	before
other:							
SA	before	after	before	after	before	after	before
other:							
SU	before	after	before	after	before	after	before
other:							

Week of .... / 20 ....

Weight ....

	Breakfast		Lunch		Dinner		Bedtime

MO
before	after	before	after	before	after	before

other: ....

TU
before	after	before	after	before	after	before

other: ....

WE
before	after	before	after	before	after	before

other: ....

TH
before	after	before	after	before	after	before

other: ....

FR
before	after	before	after	before	after	before

other: ....

SA
before	after	before	after	before	after	before

other: ....

SU
before	after	before	after	before	after	before

other: ....

Week of _____ / 20 _____

Weight _____

	Breakfast		Lunch		Dinner		Bedtime
	before	after	before	after	before	after	before
MO							
other:							
TU	before	after	before	after	before	after	before
other:							
WE	before	after	before	after	before	after	before
other:							
TH	before	after	before	after	before	after	before
other:							
FR	before	after	before	after	before	after	before
other:							
SA	before	after	before	after	before	after	before
other:							
SU	before	after	before	after	before	after	before
other:							

Week of / 20

Weight ....

	Breakfast		Dinner		Bedtime

MO
before	after	before	after	before	after	before

other:

TU
before	after	before	after	before	after	before

other:

WE
before	after	before	after	before	after	before

other:

TH
before	after	before	after	before	after	before

other:

FR
before	after	before	after	before	after	before

other:

SA
before	after	before	after	before	after	before

other:

SU
before	after	before	after	before	after	before

other:

30820710R00035

Made in the USA
Middletown, DE
26 December 2018